EDWIN PARR COMPOSITE
COMMUNITY SCHOOL
BOX 59
ATHABASCA, ALBERTA
TOG OBO

D0516392

CE COQUIN DE COCKER

PAR Roba

BILL

Dépôt légal : novembre 1991   D. 1976/0089/9
ISBN 2-8001-0476-7   ISSN 0771-8802
© 1976 by Roba
© 1976 by Editions Dupuis pour cette édition.
Imprimé en Belgique.

MAIS BIEN SÛR QUE JE POSSÉDAIS UN CHIEN QUAND J'AVAIS TON ÂGE !

TIENS, JE LE VOIS ENCORE... UN PETIT FOX BLANC AVEC UNE TACHE NOIRE SUR L'OEIL.

WHISKY QU'ON L'APPELAIT ! HA ! C'ÉTAIT UN COMIQUE, JE TE JURE.

TU SAIS CE QU'IL AVAIT COMME MANIE ?... IL NE SUPPORTAIT PAS LES UNIFORMES ! COMME JE TE LE DIS !

IL SE RUAIT SUR TOUT CE QUI PORTAIT SOUTANES, BOUTONS, CEINTURONS, KÉPIS, CASQUES, ETC...

HA! HA! HA!

DITES DONC, VOUS, LÀ !!

IL EST À VOUS CE CHIEN ?!?

ÇA VA, LES INDIENS?

BEN, NON!... ON NE PARVIENT PAS À MONTER NOTRE TENTE!

DIS, P'PA... TU VEUX BIEN NOUS AIDER, DIS?

AH, NON! AH, NON! PAS QUESTION, MON P'TIT GARS!...

...J'ATTENDS MON DIRECTEUR ET UN TOUT GROS CLIENT AMÉRICAIN...ILS DOIVENT VENIR ME PRENDRE D'UN INSTANT À L'AUTRE.

S'IL TE PLAÎT, P'PA.

NON ET NON!... INUTILE D'INSIS...

OUIIIN!

693A

BON, BON!... ÇA VA!... QU'EST-CE QU'ELLE A VOTRE TENTE?

BEN, LA MONTER, CE NE SERAIT ENCORE RIEN, MAIS C'EST LA FERMER, SURTOUT!

ÇA NE DOIT PAS ÊTRE DIFFICILE DE TROUVER LE SYSTÈME DE FERMETURE... IL SUFFIT DE BIEN REGARDER À L'INTÉRIEUR!

MOI, JE CROIS QUE J'AI TROUVÉ!

ZZZIP

HÉ!

CHÉRI! CES MESSIEURS SONT LÀ!

HELLO, I'M HOWARD UGH AND YOUR TEPEE IS A PITY!

693B

C'EST L'PLOMBIER !

BOULE, JE DOIS M'ABSENTER PENDANT UNE HEURE... SI LE TÉLÉPHONE SONNE, RÉPONDS !

ORRING !

BEN, QUOI ? DÉCROCHE !

ORRIING

ORRI... CLOC !

BLABLA BLZBLA BLABLA BL...

CLOC !

QUI C'ÉTAIT ?

SHLOUP SHLOUP SHLOUP

AH ! BON.

PLUS TARD...

ON A TÉLÉPHONÉ ?

OUI, LE PLOMBIER... POUR DIRE QU'IL VIENDRA RÉPARER LA FUITE VERS 3H.

IDÉE : CAUVIN.

BILL! ICI! TOUT DE SUITE!

QU'EST-CE QUE ÇA SIGNIFIE? HEIN?

CECI EST IN-QUA-LI-FIABLE, MONSIEUR!

FILEZ DANS VOTRE CHAMBRE, ESPÈCE DE DÉGOÛTANT!

NOUS N'AVONS PLUS RIEN À NOUS DIRE!

CHÉRI!... PENDANT QUE TU ES DANS LE VESTIBULE, TU NE VOUDRAIS PAS...

..ÉPONGER LA FLAQUE D'EAU À L'ENDROIT OÙ J'AVAIS DÉPOSÉ MON PARAPLUIE EN RENTRANT?

ÉCOUTE, BILL, JE VOUDRAIS TE DIRE...

NOUS N'AVONS PLUS RIEN À NOUS DIRE!

PFFF!

TU L'AS DIT!

QUELLE BARBE!

QUELLE IDÉE DE PROGRAMMER DES ÉMISSIONS COMME ÇA, LE SOIR!... ÇA M'ENNUIE TROP, TIENS! JE VAIS ME COUCHER! N'OUBLIEZ PAS D'ÉTEINDRE.

PAPA A RAISON... JE VAIS FAIRE COMME LUI, JE TOMBE DE SOMMEIL ET D'ENNUI!

N'OUBLIE PAS D'ÉTEINDRE.

HOULÀLÀ! QU'EST-CE QUE ÇA PEUT ÊTRE TARTE!

ÉCOUTE, FAIS CE QUE TU VEUX, MAIS MOI JE VAIS ME COUCHER!

ET DÉBROUILLE-TOI POUR ÉTEINDRE.

...MAIS UN EXAMEN PLUS APPROFONDI AU CARBONE 14 NOUS PERMET D'AFFIRMER QUE LE FÉMUR DE GAUCHE, PROBABLEMENT D'UN STÉGOSAURE DU JURASSIQUE, EST ANTÉRIEUR D'UN MILLION D'ANNÉES AU TIBIA DE DROITE QUI...

(1) TOUS LES HOMMES SONT DES...

ALLO, CHÉRI!...JE TE RAPPELLE QUE TU DOIS PASSER PAR LA PHARMACIE POUR Y PRENDRE MON SIROP... J'AI ENCORE HORRIBLEMENT MAL À LA GORGE!...

BIEN SÛR, CHÉRIE... NON, NE T'INQUIÈTE PAS... MAIS NON, JE NE L'OUBLIERAI PAS!...

DITES!

PARLEZ-LUI DE NOTRE PETITE SOIRÉE DE CE SOIR...

MAIS PUISQUE... HEU... ATTENDS UNE SECONDE, CHÉRIE, VEUX-TU?...

J'AI BIEN PEUR QU'ELLE N'Y VIENNE PAS... ELLE A MAL À LA GORGE...

ET SI J'INSISTE?

TU VEUX DIRE BONJOUR À PAPA, MON CHÉRI?

OUI, PEUT-ÊTRE QUE SI VOUS INSISTIEZ!...

PASSEZ-MOI CE TÉLÉPHONE, VOUS VOUS Y PRENEZ MAL!

ALLO?...COUPON-DUBOIS, MADAME... MES HOMMAGES... CHÈRE MADAME, PERMETTEZ-MOI D'USER DE TOUT MON CHARME POUR...

WAOUF!

VOUS AVEZ RAISON, MON CHER, INUTILE D'INSISTER!! MAIS À VOTRE PLACE, JE CONSEILLERAIS À MA FEMME D'ALLER VOIR UN SPÉCIALISTE! ET DES MEILLEURS!

?

Roba C.

QUE LA FORÊT EST BELLE EN CETTE SAISON!

BRRÃÃÃÃ

QU'EST-CE QUE C'EST QUE ÇA? QU'EST-CE QUE C'EST QUE ÇA?

CHUUUT! REGARDE,... C'EST UN CERF QUI BRAME.

QUI QUOI?

BRRRÃÃÃ

TOUTE LA SAUVAGE BEAUTÉ DE LA VIE EN FORÊT! ...

HÉ, BEN DIS DONC...

BRRÃÃÃ

CLONG!

LE GRAND BRAME DU CERF QUI ANNONCE LA LUTTE MILLÉNAIRE DES MÂLES POUR LA POSSESSION DES FEMELLES ET LA DOMINATION DE LA HARDE ... QUE C'EST BEAU!

...HEUREU-SEMENT QUE LES COCKERS NE BRAMENT PAS!

WAOUUU!

C'EST EN-CORE UN CERF QUI BRAME?

NON! ÇA, C'EST BILL!

NON, MAIS! TU AS VU CE MALOTRU?!

IL M'AVAIT TOURNÉ UN SI JOLI COMPLIMENT!

Roba 723B.

PRINTED IN BELGIUM BY

proost

INTERNATIONAL BOOK PRODUCTION